LUZ
NA ESCURIDÃO
uma vida guiada pela fé

Editora Appris Ltda.
1.ª Edição - Copyright© 2025 dos autores
Direitos de Edição Reservados à Editora Appris Ltda.

Nenhuma parte desta obra poderá ser utilizada indevidamente, sem estar de acordo com a Lei nº 9.610/98. Se incorreções forem encontradas, serão de exclusiva responsabilidade de seus organizadores. Foi realizado o Depósito Legal na Fundação Biblioteca Nacional, de acordo com as Leis nos 10.994, de 14/12/2004, e 12.192, de 14/01/2010.

Catalogação na Fonte
Elaborado por: Dayanne Leal Souza
Bibliotecária CRB 9/2162

A474l
2025
	Alves, Daniel Carreira
	  Luz na escuridão: uma vida guiada pela fé / Daniel Carreira Alves.
	– 1. ed. – Curitiba: Appris, 2025.
	  72 p. ; 21 cm.
	
	  ISBN 978-65-250-7367-5
	
	  1. Fé. 2. Superação. 3. Testemunho. I. Alves, Daniel Carreira. II. Título.
	
	                                           CDD – 234.2

Appris
editorial

Editora e Livraria Appris Ltda.
Av. Manoel Ribas, 2265 – Mercês
Curitiba/PR – CEP: 80810-002
Tel. (41) 3156 - 4731
www.editoraappris.com.br

Printed in Brazil
Impresso no Brasil

Daniel Carreira Alves

LUZ
NA ESCURIDÃO
uma vida guiada pela fé

Curitiba, PR
2025

FICHA TÉCNICA

EDITORIAL	Augusto Coelho
	Sara C. de Andrade Coelho
COMITÊ EDITORIAL	Angela Cristina Ramos
	Brasil Delmar Zanatta Junior
	Edmeire C. Pereira - UFPR
	Estevão Misael da Silva
	Marli Caetano
SUPERVISORA EDITORIAL	Renata C. Lopes
PRODUÇÃO EDITORIAL	Sabrina Costa
REVISÃO	Katine Walmrath
DIAGRAMAÇÃO	Amélia Lopes
CAPA	Mateus Porfírio
REVISÃO DE PROVA	Ana Castro

Porque sou eu que conheço os planos que tenho para vocês, diz o Senhor, planos de fazê-los prosperar e não de lhes causar dano, planos de dar-lhes esperança e um futuro.

Jeremias 29:11

AGRADECIMENTOS

Gostaria de expressar minha profunda gratidão a todos que tornaram este livro possível. Em primeiro lugar, agradeço à minha esposa, Nathália, cuja fé inabalável e amor constante foram o alicerce de minha jornada e a inspiração para escrever estas páginas. Sua paciência e apoio foram essenciais em cada passo deste projeto.

Aos meus filhos, Isabelly e Nicolas, que iluminam minha vida e me lembram diariamente do propósito e da beleza das nossas lutas e vitórias. Vocês são meu maior presente e motivação.

Um agradecimento especial à minha mãe e aos meus avós, que, mesmo enfrentando suas próprias batalhas, sempre me ofereceram amor incondicional e o suporte necessário para encarar os desafios da vida. A presença constante da minha avó, que desempenhou um papel fundamental e paternal na minha jornada, e a sabedoria da minha mãe são tesouros inestimáveis para mim. Sou profundamente grato por todo o carinho, dedicação e ensinamentos que recebi de vocês.

Aos amigos e mentores, especialmente Kleber e sua família, por serem um exemplo de fé e bondade. Seu apoio e orações foram fundamentais para minha jornada espiritual e pessoal.

Um agradecimento sincero à minha editora e equipe, que ajudaram a transformar minhas palavras em um livro. Sua paciência, dedicação e trabalho árduo foram cruciais para a realização deste sonho.

Por fim, agradeço a Deus, cuja graça e orientação foram o verdadeiro guia de minha jornada. Sem Sua presença constante e amoroso direcionamento, nada disso seria possível.

A todos vocês, minha eterna gratidão. Que este livro possa ser uma luz e uma fonte de esperança para todos que o lerem.

Com carinho e gratidão,

Daniel Carreira

APRESENTAÇÃO

Este livro é um testemunho pessoal e sincero de uma jornada repleta de desafios, quedas e conquistas. Ao longo da minha vida, enfrentei momentos que me levaram ao limite — dores profundas, reviravoltas inesperadas e obstáculos que, à primeira vista, pareciam insuperáveis. Mas foi no meio dessas dificuldades que encontrei a força maior que me fez continuar: a fé em Deus.

Desde cedo, eu scube o que era enfrentar batalhas. Passei por provações que poderiam ter me feito desistir, mas em cada um desses momentos algo incrível aconteceu — a mão de Deus sempre esteve presente, me guiando, me levantando e me mostrando que existe luz no fim de cada túnel, mesmo nos mais escuros.

A decisão de escrever este livro veio do desejo de compartilhar esses momentos com quem, como eu, talvez já tenha pensado em desistir. A vida não é fácil, e muitas vezes as lutas diárias parecem esmagadoras. Mas eu sou uma prova viva de que a fé pode transformar qualquer situação, e de que, com o tempo e com a crença em algo maior, milagres acontecem. Escrevi estas páginas para testemunhar as maravilhas que Deus fez na minha vida, acreditando que, ao abrir o meu coração, posso de alguma forma ajudar outros a encontrarem esperança.

Este livro é para você que está cansado, desanimado ou sem rumo. É para quem busca forças para continuar ou para quem já enfrentou o pior e quer acreditar que a vida ainda pode surpreender positivamente. A minha história não é perfeita — longe disso. Ela é feita de falhas, de medos, mas também de fé inabalável e de lições preciosas que me ensinaram a nunca desistir.

Ao longo da narrativa, você vai se deparar com episódios que mostram que, por mais sombrias que sejam as circunstâncias, Deus sempre encontra uma maneira de nos puxar de volta para a luz. Relatos de encontros inesperados com o Espírito Santo, momentos de transformação espiritual e histórias de superação em meio às adversidades da vida permeiam estas páginas.

Quero que esta leitura seja mais do que um simples relato biográfico. Quero que ela seja um farol de esperança, uma fonte de inspiração para quem lê. Não importa qual seja o seu desafio, quero que você termine este livro com a certeza de que não está sozinho. Que você saiba que Deus está contigo, pronto para transformar a sua dor em vitória e para te guiar em direção a algo maior do que você pode imaginar.

Se uma pessoa, ao terminar este livro, se sentir mais forte, mais encorajada ou mais próxima de Deus, então eu terei cumprido meu propósito. Que este livro seja um lembrete de que a fé é o nosso maior aliado, e de que, em meio às tempestades, é ela que nos sustenta e nos leva adiante.

Prepare-se para uma viagem emocional, espiritual e profundamente pessoal. Minha história é real, crua e honesta, mas, acima de tudo, ela é uma prova do poder de Deus em nossas vidas. Que estas páginas toquem o seu coração, assim como os momentos relatados tocaram o meu.

PREFÁCIO

Escrever estas palavras é uma honra e um desafio, pois tentar descrever o homem que você é e a jornada que percorremos juntos é algo que transborda o meu coração de orgulho. Desde o momento em que nos conhecemos, eu soube que havia algo especial em você. Não foi apenas sua força e determinação que me conquistaram, mas o brilho da fé que iluminava cada passo que você dava, mesmo nos caminhos mais escuros.

Compartilhamos muitos momentos, alguns de pura alegria e outros de dor profunda. Vi você enfrentar as adversidades com uma coragem que me inspira todos os dias. E, acima de tudo, vi sua fé inabalável, que nos manteve unidos e nos guiou para além de qualquer obstáculo.

Este livro não é apenas uma história, é um testemunho de amor — o amor de Deus por você, o amor que você tem por nossa família e o amor que eu sinto por você. Eu sei que cada palavra aqui escrita vem do fundo do seu coração, e espero que aqueles que lerem sintam o mesmo conforto e esperança que eu sinto todos os dias ao seu lado.

Com todo o meu amor, orgulho e admiração,
Nathália Carreira

SUMÁRIO

Introdução 15

Capítulo 1
Os Primeiros Passos da Minha História 16

Capítulo 2
Fonte de Esperança: A Força da Amizade e da Fé 18

Capítulo 3
Lições de Vida no Caos Urbano 20

Capítulo 4
Da Alegria do Morumbi à Solidão da Ausência 25

Capítulo 5
A Muralha Invisível: A Fria Relação com Meu Pai 28

Capítulo 6
Primeiros Passos para a Independência e Força 30

Capítulo 7
O Desafio da Macarronada e o Início de um Grande Amor .. 34

Capítulo 8
Renovação e Esperança: A Chegada de Isabelly 41

Capítulo 9
**Chamas da Redenção: O Impacto Poderoso
do Espírito Santo** 46

Capítulo 10
Entre Bênçãos e Livramentos — A Mão Protetora de Deus... 51

Capítulo 11
Desafios e Milagres na Busca pelo Segundo Filho............ 57

Capítulo 12
Enfrentando Provações e Renovando a Fé............ 62

Capítulo 13
Testando a Fé em Tempos Difíceis............ 64

Capítulo 14
Confiança no Amanhã: A Promessa de Deus............ 68

Capítulo Final
A Luz que Guia o Caminho............ 70

Introdução

Este livro vai além de uma simples narrativa; é um testemunho vibrante das maravilhas que Deus tem realizado em minha vida. Desde a minha infância, os desafios que enfrentei pareciam intransponíveis, mas cada um deles se transformou em uma oportunidade de crescimento espiritual e pessoal. À medida que compartilho minha jornada, revelo como o amor, a fé e a superação moldaram meu caminho, mostrando que, mesmo nos momentos mais difíceis, sempre há uma luz divina que nos guia e nos dá esperança.

Escrevi este livro com o desejo sincero de testemunhar as bênçãos que Deus tem derramado sobre mim. Como cristãos, somos chamados a compartilhar as maravilhas que Ele faz em nossas vidas para fortalecer a fé de outros. Meu objetivo é inspirar e encorajar aqueles que estão passando por momentos de dúvida e dor, oferecendo um farol de esperança e força. Quero mostrar que, mesmo quando os dias parecem sombrios, a fé em Deus pode trazer clareza e paz.

Ao revisitar cada capítulo da minha vida — desde as perdas dolorosas e os relacionamentos desafiadores até as vitórias inesperadas e momentos de alegria — espero que você encontre conforto e renovação. Que você sinta a mesma esperança que eu descobri, e que a fé em Deus se torne um alicerce firme em sua própria jornada.

Este livro é uma celebração da capacidade humana de superar adversidades com fé e determinação, e uma prova de que, com Deus ao nosso lado, tudo é possível.

Capítulo 1

Os Primeiros Passos da Minha História

Minhas primeiras lembranças, embora nebulosas, trazem à tona um evento que marcou profundamente minha infância. Tinha apenas 4 anos, mas aquela noite chuvosa em São Paulo ficou gravada em minha mente como um símbolo do caos que permeava nosso lar. Morávamos no Bom Retiro, em um pequeno apartamento que, naquela noite, foi palco de uma briga intensa entre meus pais. Eu observava meu pai, em um acesso de raiva que não compreendia, agarrando os cabelos da minha mãe e a empurrando contra a parede. Para mim, esse cenário de tensão era normal, a realidade de uma infância que, na época, eu acreditava ser comum.

No entanto, a briga foi interrompida por um som que, de alguma forma, trouxe alívio: o interfone tocou. A urgência na voz da minha mãe fez com que descêssemos correndo até a portaria. Ao chegarmos lá, avistei, através da chuva, a figura do meu avô atravessando a rua. A simples presença dele trouxe uma sensação de segurança e esperança em meio ao caos.

Fomos levados por ele para a casa dos meus avós. O contraste entre a turbulência do nosso apartamento e a serenidade do lar deles era impressionante. O condomínio onde viviam exalava uma atmosfera acolhedora, e a vida lá parecia mais leve, mais feliz. Era um lugar onde eu podia ser uma criança, brincar e explorar sem medo.

Naquele ambiente, experimentei momentos de pura alegria. As tardes eram preenchidas com jogos de futebol, pega-pega, esconde-esconde e até mesmo caça ao tesouro com os amigos que fiz no condomínio. A liberdade e a felicidade que encontrei ali serviam como um refúgio, um antídoto para a turbulência de casa. Foi ali que descobri o verdadeiro significado de segurança e amor.

Com o passar dos anos, a casa dos meus avós se tornou um símbolo de estabilidade e felicidade em minha vida. Embora eu não compreendesse completamente a complexidade da situação em que vivíamos, sentia profundamente a diferença entre o ambiente tenso de casa e a paz que encontrava com meus avós. Aqueles primeiros anos moldaram minha visão de mundo e a noção do que era ser protegido e amado.

No entanto, o tempo trouxe mudanças. Aos 9 anos, comecei a perceber um lado mais rígido do meu avô. Sua implicância com pequenas coisas, até mesmo com o que comíamos, tornou-se frequente. Ele chegou ao ponto de mandar minha mãe sair de casa em algumas ocasiões, o que a deixava profundamente triste. Minha avó, por outro lado, era uma mulher cheia de vida e alegria, mas não tinha voz para se opor ao meu avô. Apesar dessas dificuldades, ao invés de me fechar, essas experiências me deram forças. Moldaram minha determinação em me tornar um homem próspero e independente, alguém que não precisaria depender de ninguém.

Esses primeiros anos foram marcados por uma mistura de dor e felicidade, de desafios e superações. E foi esse começo, repleto de contrastes, que lançou as bases para a jornada que eu ainda estava por começar — uma jornada de crescimento, amor e fé.

Capítulo 2

Fonte de Esperança: A Força da Amizade e da Fé

Minha chegada à casa dos meus avós marcou o início de uma nova etapa da minha vida, e foi nesse ambiente que eu encontrei algo inesperado: uma amizade verdadeira e um apoio incondicional. A casa dos meus avós se tornou um refúgio, mas o que realmente transformou essa fase foi a amizade com Kleber, uma pessoa que se tornou um irmão para mim.

Kleber era uma pessoa espetacular, com um coração generoso e uma disposição para ajudar que não tinha limites. Desde o momento em que nos conhecemos, ele me tratou com uma bondade genuína, e a conexão que formamos foi instantânea. Em um período de grande incerteza e dificuldades, a amizade dele foi um verdadeiro alicerce para mim.

A família de Kleber, composta por Carmem e Ananias, também desempenhou um papel crucial. Eles eram evangélicos e possuíam uma fé profunda e uma generosidade que se manifestava em suas ações diárias. Desde o início, me acolheram como parte de sua própria família. Carmem, com seu jeito acolhedor e atencioso, e Ananias, com sua sabedoria e calma, foram uma fonte constante de apoio e orientação.

Durante os momentos mais difíceis que passei com meu avô, a presença constante de Kleber e de sua família foi uma âncora em meio à tempestade. Eles não apenas me ofereceram um ombro amigo, mas também me proporcionaram uma nova perspectiva sobre o que significa ter uma comunidade de apoio. A cada dificuldade que eu enfrentava, eles estavam lá para me lembrar de que eu não estava sozinho.

O carinho e o cuidado de Carmem e Ananias iam muito além da simples amizade; eles se tornaram como uma família para mim. Frequentadores assíduos da Igreja Deus é Amor, eles faziam questão de apresentar meu nome em suas orações. Para eles, essas orações eram mais do que apenas palavras — eram um verdadeiro ato de amor, uma forma de me envolver na proteção e na graça divina.

Sentir o poder dessas orações era algo indescritível. Cada vez que eu sabia que meu nome estava sendo mencionado, uma onda de conforto e esperança me envolvia. Era como se, mesmo nas horas mais sombrias, houvesse uma luz constante e inabalável, guiando e protegendo o meu caminho. Essas orações eram um testemunho do quanto eles se importavam comigo, e me davam a força necessária para enfrentar as adversidades que surgiam.

A influência de Kleber e de sua família foi além do apoio emocional. Eles me ajudaram a encontrar força e resiliência dentro de mim que eu não sabia que tinha. O carinho deles e o exemplo de fé e devoção que me mostraram foram fundamentais para minha própria jornada espiritual. Aprendi com eles que, mesmo em meio à adversidade, é possível encontrar paz e esperança através da fé e da comunidade.

Kleber, Carmem e Ananias não foram apenas amigos e apoiadores; eles foram mentores e guias espirituais que ajudaram a moldar minha jornada e a reforçar minha fé. A bondade e a generosidade que recebi deles foram um reflexo do amor de Deus em minha vida, e essa experiência me ensinou o verdadeiro valor da amizade e do apoio incondicional.

Capítulo 3

Lições de Vida no Caos Urbano

Os finais de semana representavam uma mudança bem-vinda na minha rotina. Minha irmã e eu costumávamos ir para a casa da nossa avó no centro de São Paulo, em Bela Vista. A vida ali era uma verdadeira antítese da tranquilidade do condomínio dos meus avós maternos. O ritmo era mais acelerado, as ruas estavam sempre cheias, e o barulho da cidade parecia ter um charme peculiar.

Foi nessa agitação que conheci Fábio, um garoto cinco anos mais velho que eu. Fábio era curioso e inteligente, e, apesar da nossa diferença de idade, nos tornamos inseparáveis. Ele tinha uma visão de mundo que me fascinava. Conversávamos sobre tudo, desde o futuro até o significado de ser um homem de verdade. Essas conversas foram fundamentais para meu crescimento, especialmente porque eu sempre buscava aprender com aqueles que tinham mais experiência de vida.

Enquanto outras crianças se dedicavam a soltar pipas e brincadeiras nas ruas do Capão Redondo, eu já estava envolvido em atividades que começavam a moldar meu caráter e minha perspectiva. Aos 10 anos, decidi começar a vender produtos. Era um passo audacioso, mas eu queria algo mais do que a diversão das brincadeiras. Trabalhava para sair da situação em que estava e construir um futuro melhor.

Minha irmã sempre parecia ter sorte com os finais de semana, pois meus tios a buscavam para viajar com eles. Eu, por outro lado, me sentia deslocado, muitas vezes questionando o motivo pelo qual não era incluído nas viagens. Em uma dessas viagens, todos da família estavam na praia, e eu estava sozinho na casa da minha avó. Meu tio passou para me buscar, talvez por compaixão ou algo do tipo, mas isso não importava para mim. Fui com ele todo feliz. Ao chegar na casa, fui ao quarto para guardar minhas coisas e ouvi minha tia perguntar ao meu tio: "Por que você trouxe este menino aqui?". Aquelas palavras me machucaram profundamente e me fizeram sentir que eu não pertencia ali. A partir daquele momento, minha insegurança e a sensação de rejeição começaram a se formar.

A Conexão com Tia Claudete

Durante minha infância, muitos finais de semana foram marcados por uma rotina que eu aguardava ansiosamente. Sempre que minha irmã viajava com a família da minha avó, minha mãe me levava para passar o final de semana na casa da minha tia favorita, a Tia Claudete, ou Tia Clau, como eu a chamava carinhosamente. Ela morava no coração da República, no centro de São Paulo, junto com meu tio Fredo, ambos irmãos do meu avô. A diferença entre eles e meu avô era gritante. Enquanto meu avô era um homem reservado e severo, Tia Clau e Tio Fredo eram a personificação da alegria e do amor. A casa deles era um refúgio de risadas, histórias e carinho, um contraste reconfortante para mim.

Desde a primeira vez que fui até lá, senti que estava em um lugar especial. Tia Clau me fazia sentir como se eu fosse a pessoa mais importante do mundo. Sempre disposta a conversar, ela se interessava genuinamente por tudo o que eu tinha a dizer, não importava o quão trivial ou complexo fosse o assunto. Nós passeávamos pelas ruas movimentadas do centro de São Paulo, e ela me mostrava a cidade de um jeito que ninguém mais conseguia. Eu me sentia seguro e feliz ao lado dela, como se nada pudesse dar errado enquanto eu estivesse em sua companhia.

Com o passar do tempo, essa conexão só se fortaleceu. Mesmo depois que comecei a trabalhar, Tia Clau fazia questão de manter nosso vínculo. Ela me visitava em cada loja ou shopping onde eu trabalhava, sempre aparecendo de surpresa com um sorriso e um abraço. Ela dizia que gostava de me ver em ação, e aqueles almoços que compartilhávamos eram momentos preciosos para mim. Eu sabia que poderia contar com ela para qualquer coisa. Em muitas ocasiões, eu ia direto do trabalho para a casa dela e do Tio Fredo, e lá passávamos o final de semana conversando, rindo e aproveitando a companhia um do outro. Esses finais de semana eram momentos de descanso para a alma, onde eu me sentia verdadeiramente à vontade, sem pressões ou preocupações.

Mas o que mais me impressionava na Tia Clau não era apenas sua bondade ou seu carinho, mas sua história de vida. Ela era uma mulher preta que, apesar de todas as adversidades que enfrentou, havia conseguido algo que muitos consideravam impossível. Com apenas a quarta série do ensino fundamental, ela tinha se tornado diretora de uma empresa do governo. Sua trajetória não era apenas inspiradora; era um exemplo vivo de superação e determinação. Em um mundo que muitas vezes subestimava pessoas como ela, Tia Clau se destacou, não apenas por sua competência, mas por sua coragem de enfrentar as barreiras que o racismo e a desigualdade colocavam em seu caminho.

Ela nunca se deixou abater pelas dificuldades. Ao contrário, cada obstáculo parecia fortalecê-la ainda mais. E essa força, essa capacidade de se levantar e seguir em frente, era algo que eu admirava profundamente. Ela me mostrou, através de sua própria vida, que o sucesso não vem apenas de oportunidades, mas de uma determinação inabalável de fazer o melhor com o que se tem.

A Tia Clau não foi apenas uma tia amorosa para mim; ela foi uma mentora, um modelo de como viver a vida com dignidade e coragem. Seu exemplo me inspirou a acreditar que, independentemente das circunstâncias, eu também poderia superar meus desafios e alcançar meus objetivos. Ela plantou em mim a semente da perseverança e da fé em mim mesmo, valores que carrego até hoje.

Tia Claudete foi, e sempre será, uma figura fundamental na minha vida. Ela me ensinou que o verdadeiro poder está em acreditar em si mesmo e que, com esforço e determinação, é possível transformar até mesmo as maiores dificuldades em conquistas significativas. Sua influência continua a me guiar, e a memória de sua força e amor é algo que guardarei para sempre.

Aventuras e Sabedoria nas Férias em Campo Belo

Minhas férias sempre tinham um destino especial, e quando não estava na casa da Tia Clau, no centro agitado de São Paulo, o refúgio era Campo Belo, em Minas Gerais. Ali, a vida seguia um ritmo diferente, mais calmo, envolto pela serenidade da roça. Era um lugar onde as preocupações pareciam ficar para trás, e o som dos pássaros e o cheiro da terra molhada me faziam sentir uma paz única.

Tio Bê e Tia Bela, meus tios amados, me recebiam de braços abertos. O carinho e a generosidade deles me faziam sentir em casa, e cada visita era uma nova oportunidade de aprender com sua sabedoria e seu jeito simples de viver. A roça, onde eles sempre me levavam, era um lugar mágico. Lá, eu podia correr livre pelos campos, brincar na terra, subir em árvores e até ajudar em pequenas tarefas. Havia algo de puro e especial naquele ambiente: a simplicidade de uma vida longe da agitação das cidades, onde o trabalho duro era recompensado com a alegria de viver próximo à natureza.

Meu primo Diogo, seis anos mais velho que eu, também estava sempre por perto. Mais do que um parceiro de aventuras, ele era um verdadeiro amigo e conselheiro. Além das nossas explorações pela roça, íamos sempre passear na praça de Campo Belo, onde ficávamos conversando por horas. Nessas conversas, Diogo compartilhava seus pensamentos e, com seus conselhos, me ajudava a enxergar a vida de uma forma diferente. Suas palavras tinham um peso e uma profundidade que me faziam refletir e crescer a cada encontro, tornando nossos momentos juntos ainda mais especiais.

Essas férias em Campo Belo não eram apenas dias de diversão. Eram momentos que me ajudavam a amadurecer, a valorizar as coisas simples e a criar um vínculo ainda mais forte com minha família e comigo mesmo.

Capítulo 4

Da Alegria do Morumbi à Solidão da Ausência

Minha mãe, apesar de todas as dificuldades que enfrentou, sempre foi minha parceira fiel. Compartilhávamos momentos que, para mim, eram extremamente especiais e que carregarei para sempre em meu coração. Um desses momentos foi ir ao Morumbi para assistir aos jogos do São Paulo, nosso time do coração. Era algo que nos unia de uma forma única. Lembro-me vividamente de um jogo da Libertadores — o estádio estava lotado, com as arquibancadas vibrando de emoção. A energia que tomava conta do Morumbi era quase tangível, e nós dois nos deixávamos levar pela euforia da torcida. Naquele instante, tudo parecia perfeito, como se o mundo fosse apenas aquele estádio e aquela paixão compartilhada.

O jogo acabou muito tarde, e tivemos que encarar uma longa caminhada de volta até em casa. A cada passo que dávamos, íamos conversando sobre o jogo, relembrando as jogadas mais emocionantes e comentando sobre nossos ídolos do futebol. A caminhada era cansativa, especialmente depois de um dia tão cheio de emoções, mas, ao mesmo tempo, me sentia tomado por uma alegria profunda.

Aqueles momentos não eram apenas sobre o futebol; eram sobre a conexão que fortalecíamos a cada conversa, a cada risada compartilhada no caminho de volta. Esses passeios se tornaram muito mais do que uma simples volta para casa — eram uma parte significativa do meu crescimento. Sempre associei essas caminhadas ao carinho e à cumplicidade que compartilhava com minha mãe, fazendo com que esses momentos fossem gravados com afeto na minha memória.

No entanto, à medida que o tempo passava, as tensões em casa começaram a aumentar. Minha mãe, talvez buscando um escape para as dificuldades do dia a dia, encontrou refúgio na casa da Magali, uma vizinha nossa. Foi lá que ela conheceu Flávio. Quando eu tinha 15 anos, essa amizade evoluiu para algo mais sério, e minha mãe tomou a difícil decisão de deixar a casa dos meus avós para viver com ele. Ela partiu, deixando minha irmã e eu para trás.

Essa separação foi um golpe duro para mim. Não era apenas a partida física de minha mãe, mas o sentimento de que estava perdendo uma amiga, uma confidente, alguém que sempre esteve ao meu lado. Senti um vazio enorme, uma mistura de tristeza e abandono. Naquele momento, a realidade de que minha vida estava mudando drasticamente começou a se instalar.

Com a saída de minha mãe, o comportamento do meu avô, que já era rígido, tornou-se ainda mais severo. Ele, que antes demonstrava apenas uma rigidez controlada, agora parecia estar sempre em busca de maneiras de me colocar para baixo. Comecei a sentir uma pressão constante, uma desaprovação que me sufocava. Ele me chamava de vagabundo, jogando em minha cara a ideia de que eu não seria capaz de conquistar nada na vida. Negar até mesmo um pedaço de carne tornou-se uma forma de exercer seu controle e me lembrar da sua autoridade.

Essas dificuldades poderiam ter me quebrado, mas, de alguma forma, elas despertaram em mim uma força que eu não sabia que tinha. Em vez de me render à dor e ao desânimo, decidi que usaria essas adversidades como combustível para minha determinação. Comecei a trabalhar ainda mais duro, lutando para provar a mim mesmo — e a ele — que eu era capaz de muito mais. Aprendi a não depender de ninguém, a buscar minhas próprias oportunidades e a construir o futuro que eu desejava.

O contraste entre a agitação da Bela Vista, onde passei parte da minha infância, e a tranquilidade do condomínio dos meus avós no Capão Redondo me ensinou a importância da adaptação. Aprendi a encontrar alegria e propósito mesmo nas situações mais desafiadoras. Cada insulto, cada dificuldade, moldou minha vontade de lutar e de seguir em frente, não apenas como uma questão de sobrevivência, mas como uma forma de me tornar a melhor versão de mim mesmo.

Esses anos, embora difíceis, foram fundamentais para o meu desenvolvimento. Eles me ensinaram que as adversidades, por mais dolorosas que sejam, têm o poder de nos transformar. Elas nos forçam a crescer, a nos tornar mais fortes, mais resilientes. E, olhando para trás, vejo que essa fase da minha vida, com todas as suas dores e desafios, foi essencial para moldar o homem que sou hoje.

Capítulo 5

A Muralha Invisível: A Fria Relação com Meu Pai

Durante toda a minha vida, o relacionamento com meu pai foi marcado por uma distância emocional que sempre me deixou perplexo. As feridas do passado e as desavenças não resolvidas criaram uma barreira quase impenetrável entre nós. Apesar de sua presença física, sua ausência emocional era visível e constante.

Desde que me conheço, nunca vi meu pai trabalhar. Ele sempre foi sustentado por minha avó, que carregou o peso financeiro e emocional da nossa família. Em vez de buscar maneiras de se estabilizar e contribuir, meu pai se refugiava em uma postura de vitimização, culpando minha avó e sua própria vida pelos seus fracassos. Essa dependência e falta de ação contribuíam para uma sensação de frustração constante.

Além disso, ele parecia mais interessado em manter uma fachada social do que em construir uma conexão genuína com minha irmã e comigo. Sua obsessão com a aparência e a imagem que projetava era um reflexo de suas inseguranças e das suas escolhas de vida infelizes. Um dos aspectos mais dolorosos era seu desejo de não ser chamado de "pai" em público. Esse esforço para esconder seu papel paterno, como se isso pudesse influenciar suas relações pessoais e sociais, mostrava claramente a falta de compromisso com o papel de pai.

A ausência emocional dele deixou uma sensação constante de inadequação e abandono em mim. Havia uma parte de mim sempre tentando preencher o vazio deixado por sua falta de envolvimento genuíno. A dor de não ter um pai que se importava verdadeiramente e se envolvia na minha vida era uma ferida aberta que parecia nunca sarar completamente.

Em muitos aspectos, minha avó desempenhou o papel que meu pai deveria ter ocupado. Ela era a figura constante e de apoio, sempre presente em momentos importantes e em todos os aspectos da minha vida. Seu amor inabalável e sua presença constante foram uma âncora em meio ao caos emocional que cercava nossa família.

Essa distância emocional com meu pai não se limitava apenas às interações diárias, mas também se refletia em eventos importantes da vida. Eu me lembro de momentos em que esperava que ele estivesse mais presente, como em eventos escolares ou em decisões importantes. No entanto, ele parecia alheio e desinteressado, muitas vezes mais focado em sua própria agenda do que nas necessidades de seus filhos.

Essas experiências profundas e dolorosas me marcaram e me impulsionaram a buscar um caminho diferente. Em vez de ser consumido pelo ressentimento, eu decidi me tornar o pai que eu nunca tive. Queria estar presente de verdade, oferecer apoio constante e criar um ambiente de amor e segurança para minha própria família. A determinação de ser um pai diferente se tornou uma maneira de superar as sombras do passado e construir algo melhor para meus filhos.

Cada esforço para ser diferente, cada momento de amor e apoio que ofereci aos meus filhos, representava uma forma de curar as feridas do passado e construir um futuro mais sólido. A influência de pessoas como Fábio e minha avó, junto com o trabalho duro e a fé, ajudaram a moldar meu caráter e me guiaram para um futuro em que eu pudesse ser a pessoa e o pai que sempre aspirei ser. Assim, criei uma base sólida para minha família, refletindo as lições aprendidas e as mudanças que desejei em minha vida.

Capítulo 6

Primeiros Passos para a Independência e Força

Aos 16 anos, eu me encontrava em um ponto de transição delicado. A convivência com meu avô havia se tornado insustentável. Sua rigidez e suas críticas constantes, que me atingiam profundamente, estavam começando a minar minha autoestima e minha vontade de continuar em sua casa. Cada palavra dura e cada gesto de desaprovação parecia reforçar a ideia de que eu não tinha um lugar ali. No entanto, ao invés de me deixar abater, decidi que era hora de buscar uma mudança significativa. A saída? A casa da minha avó paterna, um refúgio onde eu poderia começar a construir um novo futuro.

A decisão de me mudar para a casa da minha avó paterna não foi fácil. Deixar para trás o ambiente que eu conhecia, mesmo que marcado por dificuldades, foi um passo que exigiu coragem. Mas eu sabia que precisava de um espaço onde pudesse crescer com mais liberdade e ter a chance de encontrar meu próprio caminho. A casa da minha avó, localizada em um bairro mais movimentado, oferecia um cenário completamente diferente do que eu estava acostumado. Lá, eu não só encontrei um ambiente mais acolhedor, como também um espaço onde me sentia ouvido e respeitado.

Minha avó era uma mulher de uma sabedoria imensa, acumulada ao longo de anos de experiências. Ela tinha uma habilidade especial para entender as minhas preocupações e sempre sabia o que dizer para me confortar. As noites eram passadas em conversas longas, onde eu abria meu coração e compartilhava meus medos e esperanças. A presença dela me deu uma sensação de segurança que eu não experimentava há muito tempo. Ela me ensinou que a vida adulta exigia de mim uma postura mais madura, e comecei a perceber a importância da responsabilidade e do autoconhecimento.

Sentindo a necessidade de continuar crescendo e desejando uma maior independência financeira, decidi procurar meu primeiro emprego. A oportunidade surgiu no McDonald's, um trabalho que, embora modesto, representava para mim o início de uma nova fase. Lembro claramente das longas horas de trabalho, das tarefas repetitivas e do ritmo acelerado que definia o ambiente do *fast food*. O relógio parecia avançar lentamente enquanto eu me movimentava de um lado para o outro, atendendo a uma fila interminável de clientes.

As jornadas eram exaustivas, e muitas vezes eu me via lidando com clientes impacientes e situações estressantes. Havia momentos em que a pressão parecia insuportável — os pedidos se acumulavam, as reclamações surgiam, e o cansaço se tornava evidente. Mas, mesmo diante dessas dificuldades, eu estava determinado a fazer o melhor que podia. Sabia que aquele emprego era uma oportunidade de ouro para desenvolver habilidades importantes, como disciplina, paciência e resiliência. Além disso, cada dia no McDonald's me ensinava lições valiosas sobre trabalho em equipe e a importância de cumprir tarefas com precisão, mesmo quando o cansaço batia.

Aquela rotina intensa também me mostrou o valor do esforço e do comprometimento. Cada tarefa realizada, por mais simples que fosse, representava um pequeno passo em direção ao meu crescimento pessoal e profissional. E, com o tempo, comecei a perceber que o verdadeiro aprendizado não estava apenas nas atividades do dia a dia, mas na maneira como eu enfrentava os desafios e superava as dificuldades.

O trabalho no McDonald's foi uma verdadeira escola de vida. Ali, aprendi a importância do trabalho em equipe, da pontualidade e da disciplina. A rotina acelerada me ensinou a ser resiliente, a lidar com a pressão e a valorizar cada esforço feito em busca de um objetivo. Cada turno era uma batalha, mas também uma oportunidade de aprendizado. O ambiente desafiador me mostrou que, mesmo nas situações mais difíceis, é possível tirar lições valiosas que podem ser aplicadas em diferentes aspectos da vida. Foi uma experiência que me ajudou a amadurecer e a entender que, para alcançar qualquer objetivo, é preciso determinação e trabalho duro.

Após três meses no McDonald's, surgiu uma nova oportunidade que eu abracei com entusiasmo. Consegui um emprego como vendedor em uma loja de shopping. Esse foi um marco importante na minha trajetória. O ambiente das lojas de shopping era completamente diferente do que eu estava acostumado. Era um lugar dinâmico, vibrante, cheio de vida, com um fluxo constante de pessoas e desafios a serem superados. Gostei da interação com os clientes, da responsabilidade de bater metas e do aprendizado contínuo que o trabalho exigia. Durante os sete anos que passei trabalhando em lojas de shopping, desenvolvi habilidades valiosas, como a capacidade de comunicação, o atendimento ao cliente e a importância de sempre buscar a excelência em tudo o que faço.

A transição para esse novo emprego me mostrou a importância da adaptabilidade e da perseverança. No shopping, eu aprendi que, para ser bem-sucedido, era necessário mais do que apenas esforço; era preciso também estar disposto a aprender continuamente, a se adaptar às mudanças e a buscar constantemente o aprimoramento. Cada venda realizada, cada cliente satisfeito, era um pequeno triunfo que me motivava a seguir em frente. Com o tempo, percebi que estava construindo não apenas uma carreira, mas também um conjunto de habilidades que me preparariam para os desafios futuros.

    A mudança para a casa da minha avó e o início da minha jornada no mercado de trabalho foram marcos cruciais na minha vida. Eles me ensinaram lições sobre independência, responsabilidade e o valor do trabalho duro. Embora as dificuldades ainda estivessem presentes, eu sentia que estava construindo uma base sólida para o futuro. Cada desafio que enfrentei, cada meta que alcancei, me aproximava mais dos meus objetivos e dos sonhos que eu carregava no coração. Essa fase da minha vida foi o começo de uma longa caminhada, e eu estava pronto para seguir em frente, determinado a transformar cada obstáculo em uma oportunidade de crescimento.

Capítulo 7

O Desafio da Macarronada e o Início de um Grande Amor

Aos 17 anos, minha vida estava em plena transformação. Mudanças significativas estavam se desenrolando, e foi nesse período de transição que algo extraordinário aconteceu. Em um dos passeios ao condomínio dos meus avós, uma reviravolta inesperada entrou em cena.

Estávamos brincando de queimada com alguns amigos, rindo e nos divertindo como sempre, quando, de repente, meu olhar se deparou com alguém que eu nunca havia notado antes. Era a Nathália. Com seus olhos brilhando e seus cabelos loiros cacheados balançando ao vento, ela era a visão mais encantadora que eu já havia visto. Algo naquela menina me fez sentir um frio na barriga e um aceleramento do coração que eu nunca havia experimentado antes. Naquele instante, eu soube que havia algo especial, uma conexão inexplicável que me atraía para ela.

Deus, na sua infinita sabedoria, já tinha algo planejado para nós. O futebol, uma das minhas grandes paixões, acabou se tornando um elo entre nós. Eu, um são-paulino roxo, passava horas discutindo sobre o time, vibrando a cada vitória e mergulhado nas emoções do esporte. Quando descobri que o Washington, pai da Nathália, compartilhava a mesma paixão pelo São Paulo, senti que havia encontrado um aliado, alguém com quem eu poderia falar sobre o time e discutir cada detalhe dos jogos. O que eu não sabia era que aquele homem, que eu admirava desde os meus 13 ou 14 anos, um dia seria meu sogro.

Lembro-me das vezes que o acompanhava ao estádio, torcendo pelo nosso time com a mesma intensidade e fervor. Nunca imaginei que anos depois eu estaria ali, pedindo a mão de sua filha em casamento. Esse pensamento me fazia sentir um misto de alegria e nervosismo, mas também uma profunda gratidão por estar tão próximo de algo tão importante para mim.

Nosso relacionamento começou de forma natural e genuína. A amizade entre nós cresceu a passos largos. Conversávamos sobre tudo — desde nossos sonhos e medos mais íntimos até as preocupações mais simples do dia a dia. Nathália se tornou minha confidente, minha fonte constante de apoio e inspiração. Seu jeito carinhoso, compreensivo e sua habilidade em ouvir me fizeram perceber que ela era alguém verdadeiramente especial, alguém com quem eu desejava passar o resto da minha vida.

Assim que começamos a namorar, Nathália teve a brilhante ideia de fazer um almoço em casa, e eu, claro, fui convidado. No domingo, fui lá para a grande refeição, e para minha surpresa — e um pouco de apreensão —, a escolha do prato foi uma macarronada. Agora, eu não sou exatamente o maior fã de macarronada. Para mim, parecia que estava tentando engolir um rolo de arame farpado, e eu me perguntava se estava sendo testado em algum tipo de "desafio de amor".

Mas, você sabe como é, amor é amor. A gente faz o que precisa fazer para impressionar, até mesmo saborear uma macarronada que parecia ter sido feita com um molho de fita adesiva. Depois dessa épica experiência culinária, eu meio que me acomodei na casa da Nathália, como um hóspede permanente. Lá, passávamos horas conversando e assistindo filmes, enquanto a Celina, mãe dela, se perguntava se eu havia decidido me mudar para lá de vez. E assim, entre um prato de macarronada e um filme de domingo, começamos a construir nossa história.

Cada momento ao lado de Nathália era precioso. Juntos, explorávamos nossos interesses comuns, apoiávamos um ao outro e celebrávamos cada pequena vitória. Com o tempo, minha certeza de que Nathália era a pessoa certa para mim se fortalecia cada vez mais. Sentia que ela era meu porto seguro, uma luz brilhante em meio às incertezas da vida.

Entretanto, o caminho não foi isento de desafios. A maior barreira que enfrentamos foi a diferença de idade. Eu, com meus 17 anos, e Nathália, com seus 12, nos deparamos com a rejeição de parte da família dela. Os tios e avós dela, que moravam no mesmo condomínio, não aceitavam nosso relacionamento. Lembro-me de um dos tios dela, que estava muito próximo do meu avô, ter ouvido dele um conselho duro e preconceituoso: "Se eu fosse vocês, não deixava ele namorar sua sobrinha, pois ele não presta, é um vagabundo". Essas palavras, que só vim a descobrir mais tarde, feriam profundamente, mas o que realmente importava para nós era a aprovação dos pais dela.

O apoio dos pais de Nathália foi um pilar fundamental para mantermos nossa relação. Apesar das adversidades e dos olhares críticos, sabíamos que podíamos contar com o respaldo de quem realmente importava. A aceitação deles foi crucial, pois nos deu a força necessária para enfrentar os desafios e seguir firmes em nosso amor. Esse apoio nos encorajou a continuar lutando pelo que acreditávamos, a construir nossa história e a acreditar no futuro que sonhávamos juntos.

Nossa jornada não foi fácil, mas foi repleta de momentos inesquecíveis e significativos que moldaram nosso relacionamento. O amor que compartilhamos foi uma prova de que, com fé, perseverança e o apoio das pessoas certas, podemos superar qualquer obstáculo. E assim, com corações entrelaçados e uma visão compartilhada do futuro, continuamos nossa caminhada, enfrentando cada desafio com coragem e esperança, sabendo que o amor sempre nos guiaria.

Seis Anos de Amor e Resiliência

Seis anos se passaram desde que nossos caminhos se cruzaram pela primeira vez, e posso afirmar que esses anos foram uma verdadeira odisseia de amor e crescimento. Desde o momento em que nossos olhares se encontraram pela primeira vez, nossa conexão só se fortaleceu com o tempo. Esses anos foram preenchidos com momentos de pura felicidade, mas também com desafios que testaram a profundidade do nosso amor e paciência. Cada experiência, seja ela positiva ou difícil, foi um tijolo na construção da nossa certeza de que queríamos passar o resto de nossas vidas juntos.

Com o passar do tempo, o desejo de dar um passo mais sério em nosso relacionamento tornou-se uma necessidade inevitável. O pedido de casamento não era simplesmente uma formalidade para mim; era uma expressão sincera e profunda do amor e do compromisso que eu sentia por Nathália. Eu queria que esse momento fosse memorável e significativo. Planejei cada detalhe com cuidado e atenção, desde a escolha das palavras até o momento perfeito para fazer a pergunta.

Escrevi meus sentimentos e intenções em uma folha de caderno, tentando capturar tudo o que queria dizer. O nervosismo era evidente — o medo de não conseguir expressar adequadamente o quanto Nathália significava para mim estava sempre presente. No entanto, a determinação de torná-la minha esposa superava esses medos. No dia do pedido, reuni toda a minha coragem e, apesar do tremor na voz e das mãos suadas, fiz o pedido com a mais sincera devoção.

Quando terminei de falar, fiquei ansioso pela resposta. A resposta de Nathália foi uma mistura de alívio e alegria, mas havia um detalhe que eu não esperava: o pai dela tinha algo a dizer. "Quem casa, quer casa", ele mencionou com um tom de seriedade que soou como um desafio. Em vez de desanimar, encarei aquela frase como uma motivação adicional. Sabíamos que a estrada à frente não seria fácil, mas estávamos dispostos a enfrentar qualquer obstáculo juntos.

Dois meses depois, com um esforço considerável e muito planejamento, consegui comprar um apartamento no CDHU, no Jardim das Rosas. Embora fosse um imóvel simples, seu significado ia muito além do valor material. Era a concretização do nosso compromisso e o início de uma nova etapa em nossas vidas. Com o apartamento garantido, voltei a falar com o pai de Nathália e perguntei: "E agora, Washington, podemos nos casar?". Ele, com um sorriso tímido, respondeu: "Agora não tem como dizer não". Talvez ele não esperasse que eu já tivesse conseguido um apartamento, mas o fato de ter conseguido reunir o dinheiro necessário, ao vender meu carro e trabalhar arduamente, tornou aquele momento ainda mais especial.

O casamento foi muito mais do que uma cerimônia para nós; foi a culminação de uma história repleta de desafios e superações, e, acima de tudo, um amor que resistiu ao tempo e às adversidades. Durante os anos que passamos juntos, enfrentamos obstáculos que poderiam ter nos separado, mas cada dificuldade apenas serviu para fortalecer nosso vínculo. No dia do casamento, ao olhar para Nathália enquanto ela caminhava até o altar, não via apenas a mulher que eu amava; via a parceira que esteve ao meu lado em cada momento, seja nos momentos de alegria ou nas tempestades que enfrentamos juntos.

A cerimônia foi um reflexo de tudo o que vivemos. A escolha dos detalhes, desde as flores até a música, foi pensada para capturar a essência do nosso relacionamento. Um dos momentos mais memoráveis foi quando entramos na festa de casamento ao som da música "O Amor" do Jota Quest. Aquela música, que sempre teve um lugar especial em nossos corações, acompanhou nossa entrada com uma energia vibrante e uma mensagem que refletia a profundidade do nosso amor e a alegria daquele dia. Cada palavra da música parecia ecoar nossa história e celebrar nossa jornada.

Os amigos e familiares presentes estavam cientes da nossa história e dos desafios que superamos para estar juntos, o que tornou o momento ainda mais especial. Havia uma sensação de realização no ar, como se todos os sacrifícios e lutas tivessem culminado nesse momento de pura felicidade. As risadas, as lágrimas de alegria e os abraços calorosos que recebemos durante a festa foram mais do que simples celebrações; foram uma confirmação de que nossa decisão de seguir juntos estava fundamentada em algo sólido e verdadeiro.

Dançamos como se o mundo fosse nosso, com sorrisos que não podiam ser contidos. A cada passo e a cada música, revivíamos nossa história, nossas lutas e, principalmente, nossa vitória. A festa foi nossa maneira de declarar ao mundo que, apesar de tudo, estávamos ali, mais fortes do que nunca, prontos para encarar o futuro de mãos dadas.

O casamento não foi apenas o início de uma nova fase; foi a consagração de uma jornada repleta de amor, perseverança e fé. Ao final daquela noite, quando todos já haviam partido e estávamos sozinhos, olhei para Nathália e, mais uma vez, tive a certeza de que, não importa o que viesse pela frente, estaríamos prontos, juntos, como sempre. Entretanto, nossa alegria foi desafiada por uma prova inesperada: a descoberta de que eu não podia ter filhos. Receber essa notícia foi um golpe doloroso e desanimador. Contudo, tanto

Nathália quanto eu estávamos determinados a não deixar que esse obstáculo nos afastasse do sonho de formar uma família. Enfrentamos as dificuldades e os momentos de incerteza com coragem, acreditando que, apesar de tudo, a nossa história ainda estava longe de acabar.

Juntos, decidimos seguir em frente com esperança e fé, certos de que, com amor e perseverança, poderíamos transformar nossas dificuldades em novas oportunidades e, assim, continuar construindo nossa vida e nosso futuro juntos.

Capítulo 8

Renovação e Esperança: A Chegada de Isabelly

Após o casamento, a ideia de expandir nossa família se tornou um dos pilares de nossa felicidade. Sonhávamos com o momento em que nossa casa seria preenchida com a alegria e o riso de uma criança. No entanto, esse sonho foi abalado quando recebemos a notícia de que eu não podia ter filhos.

Essa descoberta foi um golpe profundo e doloroso, como se um muro intransponível tivesse surgido diante de nós, bloqueando o caminho que havíamos planejado com tanto carinho. A dor e o desânimo que seguiram foram intensos, e o futuro parecia incerto. Contudo, tanto Nathália quanto eu sabíamos que não poderíamos deixar que esse obstáculo definisse o fim de nossa história.

Após várias tentativas e uma jornada repleta de desafios, decidimos buscar ajuda em uma clínica de fertilização. Para nossa alegria e surpresa, a primeira tentativa foi bem-sucedida. Quando descobrimos que Nathália estava grávida, a sensação de felicidade foi imensa, e um novo brilho de esperança se acendeu em nossas vidas. A notícia da chegada de nossa filha, Isabelly, trouxe uma nova perspectiva e renovou nossa alegria.

No entanto, essa felicidade foi interrompida por uma crise inesperada. Durante a gravidez, nossas diferenças começaram a se acirrar. Nathália, que sempre havia priorizado a convivência com sua família, frequentemente se ausentava nos finais de semana para estar com eles. Eu, por outro lado, sentia uma crescente solidão e falta de apoio. A ausência de tempo de qualidade juntos começou a criar uma distância emocional entre nós.

Na busca por atenção e compreensão, envolvi-me com alguém da faculdade. Embora eu soubesse que essa atitude era errada e desonesta, a necessidade de ser ouvido e valorizado me levou a essa conexão. A relação extraconjugal surgiu como uma tentativa de escapar da solidão que sentia em casa, mas, ao mesmo tempo, trouxe mais complexidade e dor para minha vida.

A gravidez e os desafios associados a ela exacerbaram a tensão entre nós. A pressão de administrar a gestação, lidar com os preparativos para a chegada de Isabelly e enfrentar as dificuldades financeiras criaram um ambiente propenso a conflitos e desentendimentos. A separação tornou-se inevitável e foi um golpe doloroso. A decisão de nos afastarmos foi tomada na esperança de encontrar uma solução para nossos problemas e buscar um novo começo.

O dia do nascimento de Isabelly foi um misto de emoção e tensão. A família de Nathália estava toda no hospital, e o ambiente estava carregado de ressentimento e descontentamento devido à maneira como nosso divórcio havia ocorrido. Eles chegaram com expressões fechadas, evidenciando o desagrado. Apesar desse clima carregado, eu permaneci firme ao lado de minha avó e mãe, buscando conforto em sua presença.

Enquanto aguardava ansiosamente a imagem de minha filha na televisão do hospital Santa Joana, a tensão ao meu redor parecia se dissipar. Quando finalmente vi a imagem de Isabelly, toda a dor e a tensão do momento desapareceram. Ela era a coisa mais linda que eu já havia visto, e naquele instante, todo o resto se apagou. A visão de minha filha trouxe uma alegria pura e indescritível, fazendo-me esquecer os conflitos e desafios.

Enquanto Nathália seguiu em frente, envolvendo-se em novos relacionamentos, eu também segui meu caminho e casei-me com a pessoa que havia conhecido na faculdade, buscando uma nova perspectiva e tentando reconstruir minha vida. A ideia de voltarmos a nos relacionar parecia uma impossibilidade. Ambos estávamos determinados a seguir em frente e a construir nossas próprias vidas separadamente.

Nesse período de separação, fui morar na casa de minha avó, procurando alívio e uma nova perspectiva. A distância física me proporcionou um espaço para refletir sobre meus sentimentos e ações. Apesar da separação e do afastamento, o vínculo com Nathália e a conexão com nossa filha, Isabelly, nunca desapareceram. O amor por minha filha e a preocupação com seu bem-estar eram constantes, e a ligação com Nathália continuava a ser uma parte importante de minha vida.

A dor da separação, a luta para lidar com a culpa e o desejo de reconciliação tornaram-se desafios contínuos. Embora a reconciliação parecesse impossível, a vida continuava a nos levar por caminhos inesperados, mostrando que, mesmo nas situações mais difíceis, há sempre espaço para a esperança e para novos começos.

Redescobrindo o Amor Perdido

Após cinco anos de separação, a ideia de reacender as chamas do amor parecia quase inimaginável. Eu havia me resignado à crença de que o passado estava definitivamente encerrado. A vida seguiu seu curso, e o tempo parecia preencher o vazio deixado pela ausência de Nathália, enquanto eu tentava me adaptar a uma nova realidade. Cada dia era um esforço contínuo para seguir em frente, mas uma parte de mim permanecia ancorada às memórias do passado.

No entanto, o destino, de maneira surpreendente, começou a me oferecer uma nova chance através de Isabelly, nossa filha. O ponto de virada surgiu com a organização da festa de aniversário de 5 anos de Isabelly. Minha ex-esposa e Nathália, com uma dedicação e empenho admiráveis, decidiram coordenar o evento juntas. A forma como elas se uniram para proporcionar um dia especial para nossa filha tocou profundamente meu coração. Era uma colaboração inesperada que mostrava que, apesar das diferenças e desentendimentos, havia algo maior em jogo.

A festa foi um cenário carregado de tensão e expectativa. Estávamos nervosos e apreensivos, ansiosos para ver como nossas famílias reagiriam após tantas brigas e desavenças. No entanto, a celebração se transformou em um sucesso estrondoso, uma explosão de alegria e cores que não apenas reafirmou o amor por Isabelly, mas também revelou um sentimento persistente entre Nathália e eu. Entre sorrisos discretos e olhares significativos, percebi que o antigo carinho ainda estava presente, enterrado sob camadas de tempo e experiências, apenas aguardando a oportunidade de ser redescoberto.

Até aquele momento, qualquer comunicação direta entre Nathália e eu havia sido praticamente inexistente; tudo passava pela minha ex-esposa. Mas então, um dia, enquanto eu estava mergulhado nas rotinas do trabalho, recebi uma mensagem inesperada de Nathália. Ela me pediu se eu poderia cuidar de Isabelly numa sexta-feira, pois tinha um compromisso da empresa. O simples recebimento daquela mensagem fez meu coração bater mais rápido. Em um impulso, respondi com um toque de brincadeira: "Depende, o que eu vou ganhar?". Nathália, com um humor delicado e uma pitada de mistério, respondeu com uma pergunta que me deixou intrigado: "O que você quer?". E, para minha surpresa, enviou uma foto dela.

A foto, carregada de uma nostalgia dolorosa e uma provocação suave, desencadeou uma série de conversas entre nós. À medida que trocávamos mensagens, a barreira de tempo e distância parecia se dissolver. Ríamos e recordávamos os momentos do passado, e foi então que percebi que o amor que pensava ter desaparecido estava apenas adormecido, aguardando a oportunidade de ser reacendido.

Essa renovada conexão trouxe um novo dilema: Isabelly, com sua inocência e sinceridade, perguntou um dia: "Papai, por que você e a mamãe não ficam juntos?". Suas palavras, carregadas de um desejo infantil de ver a família reunida, tocaram profundamente meu coração e solidificaram meu desejo de reconstruir nossa família.

Em 2015, após um período de profunda reflexão e amadurecimento, decidimos dar uma nova chance ao nosso relacionamento. Esse retorno não era um simples recomeço, mas uma oportunidade para renascer e criar algo ainda mais significativo e duradouro. Casar novamente foi um passo corajoso e significativo, e sabíamos que esse vínculo renovado estava mais forte e mais profundo, forjado pelas lições e experiências adquiridas durante a separação.

Essa nova chance não era apenas uma oportunidade de reviver o que havia sido, mas de construir um futuro mais forte e mais belo, sustentado pela fé e pela dedicação que ambos estávamos dispostos a investir. Sabíamos que essa era uma oportunidade preciosa e estávamos prontos para abraçá-la com o coração aberto, acreditando que, com amor e perseverança, poderíamos florescer novamente e escrever um novo capítulo em nossa história.

Capítulo 9

Chamas da Redenção: O Impacto Poderoso do Espírito Santo

Sob o Fogo do Espírito

A reconciliação com Nathália e o início de um novo casamento marcaram um ponto de virada significativo em minha vida. Mais do que uma simples renovação do compromisso, esse momento foi o catalisador de uma transformação espiritual profunda. Sentia que nosso reencontro não era mera coincidência; era um verdadeiro milagre. Algo maior estava nos guiando, chamando-nos para uma nova jornada de fé.

Desde a infância, minha curiosidade sobre as religiões sempre foi presente, mas agora essa curiosidade havia se transformado em uma busca genuína por um propósito maior. A reconciliação com Nathália era um sinal claro de que Deus estava ativamente trabalhando em nossas vidas, e eu desejava entender melhor esse chamado. Com essa inquietação no coração, perguntei à Nathália se ela conhecia alguma igreja que poderíamos frequentar juntos.

Ela sorriu, com um brilho no olhar, e respondeu: "Sim, conheço uma igreja pequena da Assembleia de Deus, mas você pode não gostar; lá eles gritam muito". Suas palavras, honestas e carinhosas, me fizeram sorrir. Eu sabia que, naquele momento, o estilo do culto era o menor dos problemas. O que eu buscava era uma conexão genuína com Deus, um espaço onde nossa fé pudesse prosperar. Assim, decidimos que qualquer igreja que nos acolhesse seria adequada para o que precisávamos.

E assim começamos nossa caminhada espiritual juntos, em um pequeno templo situado em uma rua discreta. Na nossa primeira visita, o ambiente era simples, sem luxos, mas havia uma energia sobrenatural que eu não conseguia explicar. Fomos recebidos com sorrisos calorosos e abraços sinceros, e ali senti uma acolhida que parecia vir diretamente do coração de Deus.

O que mais me marcou foi a intensidade das pregações. As vozes do pastor e dos fiéis, elevadas em um fervor que eu nunca tinha presenciado antes, reverberavam pelas paredes do pequeno templo, criando uma atmosfera carregada de emoção e espiritualidade. No início, tudo aquilo era um pouco intimidante. O fervor dos cânticos, as orações ardentes e até mesmo os gritos mencionados por Nathália eram muito diferentes do que eu estava acostumado. Eu vinha de um contexto em que a fé era mais contida e introspectiva, e essa nova experiência era uma mudança radical.

Contudo, havia uma sinceridade inegável naquela intensidade: uma verdade que tocava minha alma profundamente. Por trás de cada grito, cada exaltação, eu sentia a presença de algo maior, algo que começava a tocar meu coração. Percebi que aquela era a forma como as pessoas expressavam seu amor e reverência por Deus, e, aos poucos, fui me permitindo envolver por essa energia.

Durante o culto, algo extraordinário aconteceu. No meio da pregação intensa, onde o pastor Mário falava sobre o poder transformador do Espírito Santo, comecei a sentir uma presença que nunca havia experimentado antes. Era como se uma onda de paz e serenidade me envolvesse, uma sensação de que tudo estava no lugar certo, que eu estava exatamente onde deveria estar. Como se Deus tivesse marcado um encontro comigo naquela noite. Meus olhos se fecharam involuntariamente e, naquele momento, senti uma conexão direta com Deus. Era uma sensação indescritível, como se meu espírito estivesse sendo renovado, limpo de todas as mágoas e inseguranças que eu carregava.

A partir daquele momento, minha vida começou a mudar. A presença do Espírito Santo se tornou um pilar fundamental, mas com essa conexão vieram também desafios significativos. Um dos maiores era salvar meu casamento com Nathália. Nossa separação havia sido traumática, e mesmo após a reconciliação, as feridas do passado ainda estavam abertas. Nathália, apesar de seu amor por mim, carregava mágoas profundas. Muitas vezes, ela expressava suas dúvidas e incertezas, questionando se realmente queria continuar ao meu lado. A dor que eu havia causado ao deixá-la durante a gravidez ainda estava fresca em sua mente, e eu sabia que seria um processo longo e difícil para superar isso.

Houve momentos em que o desânimo quase me dominou. O peso da culpa e a dificuldade em reconquistar plenamente a confiança de Nathália eram quase insuportáveis. Em outro momento da minha vida, talvez eu tivesse cedido ao impulso de desistir, de pegar minhas coisas e partir, acreditando que nunca conseguiríamos superar os traumas do passado. Mas agora, eu era um homem transformado pela fé e sabia que Deus estava ao meu lado. Em vez de fugir, decidi lutar. Lutar com todas as minhas forças para restaurar o nosso relacionamento, para mostrar a Nathália que eu estava comprometido com ela e que, juntos, poderíamos reconstruir nossa vida.

Enfrentamos uma série de perturbações e dificuldades que me surpreenderam. Lembro-me de uma noite em que, enquanto dormia profundamente, a porta do quarto bateu com uma força inesperada, apesar de tudo estar fechado e não haver corrente de vento. A batida foi tão forte que acordei imediatamente, sentindo um frio na espinha. Em outro dia, comecei a ouvir passos na sala, como se alguém estivesse caminhando de um lado para o outro.

Queria levantar para investigar, mas meu corpo parecia paralisado. Foi então que, em meio ao medo e à ansiedade, eu disse: "O Sangue de Jesus Cristo tem poder". Essas palavras saíram da minha boca com uma convicção renovada, e imediatamente consegui me mover. Levantei-me, cheio de coragem e determinação, e comecei a repreender o inimigo, sentindo a presença de Deus me fortalecendo.

Esses episódios foram claros sinais de que havia uma luta espiritual em andamento. Mas eu sabia que, com a ajuda de Deus, poderia superar qualquer obstáculo. Em minhas orações diárias, pedia a Deus que tirasse esses pensamentos dolorosos da mente de Nathália, que curasse seu coração e nos ajudasse a seguir em frente. As respostas às minhas orações começaram a se manifestar de maneiras sutis, mas poderosas. A cada dia, percebia pequenas mudanças em Nathália. Havia momentos em que ela deixava o ressentimento de lado e se permitia sorrir, momentos em que nosso diálogo fluía com mais leveza, e eu via uma faísca de esperança em seus olhos.

Nossa comunicação, que antes era marcada por silêncios incômodos e conversas tensas, começou a melhorar. Aos poucos, começamos a compartilhar nossos medos e esperanças com mais honestidade. Eu percebia que Nathália estava tentando, que ela também queria que desse certo. Isso me dava ainda mais forças para continuar lutando.

Deus, em Sua infinita misericórdia, estava operando em nossas vidas. Ele estava nos guiando para um casamento mais forte, baseado na fé, no perdão e no amor incondicional. Eu via os pequenos sinais de mudança e isso me enchia de gratidão. Não era um processo rápido ou fácil, mas cada avanço, por menor que fosse, era uma vitória.

Essa experiência de reencontro com a fé foi além do que eu poderia imaginar. Comecei a perceber que, assim como o Espírito Santo estava transformando minha vida, Ele também estava moldando minha visão de mundo. Aprendi a amar incondicionalmente, a perdoar e a seguir em frente, deixando o passado para trás. Foi o início de uma jornada espiritual que não só restaurou meu casamento, mas também me preparou para enfrentar todos os desafios futuros com a certeza de que Deus estava comigo em cada passo.

Capítulo 10

Entre Bênçãos e Livramentos — A Mão Protetora de Deus

A vida é um caminho repleto de desafios e surpresas, e ao longo da minha jornada de fé, já tive o privilégio de vivenciar experiências que foram verdadeiras bênçãos e livramentos. Esses momentos não apenas trouxeram alívio e alegria, mas também se destacaram como testemunhos profundos da intervenção divina em minha vida.

Cada experiência de bênção e livramento se revelou como um marco significativo, mostrando a presença constante de Deus em minha trajetória. Esses momentos de graça não foram apenas respostas a orações ou soluções para problemas; foram demonstrações claras de um propósito maior, que muitas vezes ia além da minha compreensão imediata. Essas intervenções divinas serviram como lembretes poderosos de que, mesmo quando os desafios parecem intransponíveis ou os caminhos obscurecidos, há uma força maior guiando e protegendo. Eles reforçaram minha crença de que há um propósito divino em todas as coisas e me encorajaram a enfrentar as dificuldades com fé renovada e esperança.

Cada bênção e livramento se tornou um testemunho vivo da bondade de Deus, e essas experiências moldaram não apenas minha perspectiva de vida, mas também minha jornada espiritual. Elas me ensinaram a confiar plenamente em Deus, a acreditar que, mesmo nas situações mais adversas, Ele está trabalhando para o nosso bem e nos guiando para um futuro cheio de esperança e promessas.

A Bênção Inesperada da Restituição

Tudo começou em meio a um período de intensa incerteza financeira. Eu estava enfrentando um problema sério com a Receita Federal, e a ameaça de ter que pagar uma quantia significativa em impostos pesava sobre mim como uma nuvem negra que não parecia se dissipar. A cada carta que chegava, meu coração disparava, temendo que fosse a confirmação de uma dívida impagável. As noites se tornaram longas, repletas de pensamentos tortuosos sobre como aquela despesa poderia destruir nossa estabilidade financeira. E o pior: como isso afetaria o futuro da minha família.

A preocupação não me deixava em paz. O medo de ter que desembolsar um valor exorbitante nos colocava contra a parede, e o peso da responsabilidade me deixava cada vez mais sufocado. Cada dia de espera parecia uma eternidade, e o desespero começava a me consumir. Eu orava incessantemente, pedindo a Deus que nos mostrasse uma saída, mas, a cada momento que passava, a angústia apenas crescia.

Então, finalmente, o dia chegou. Com as mãos tremendo, abri o documento da Receita Federal. O que eu temia ser a confirmação de um golpe devastador no nosso orçamento se revelou... algo completamente inesperado. Em vez de uma cobrança, eu tinha uma restituição. Não acreditei no que estava vendo. Por um momento, achei que fosse algum tipo de erro. Reli várias vezes, tentando encontrar a pegadinha, mas ela não existia. A restituição era real.

O alívio foi imediato, mas a intensidade da emoção me deixou sem palavras. O que parecia ser o início de uma crise financeira se transformou em um milagre diante dos meus olhos.

Eu sabia, naquele instante, que não se tratava apenas de uma coincidência burocrática. Aquilo era a mão de Deus, clara e indiscutível, mostrando que Ele estava no controle de tudo.

Aquela restituição não foi apenas uma solução para nossas preocupações financeiras; foi um sinal poderoso da providência divina. Deus tinha nos livrado de um desastre iminente. Era como se Ele estivesse nos dizendo: "Confie, Eu cuido de tudo". O fardo que carregávamos foi arrancado de nossos ombros em um piscar de olhos. Aquilo foi mais do que dinheiro devolvido; foi a reafirmação de que, mesmo nos momentos mais sombrios, Deus está presente, guiando cada detalhe, provendo no momento certo, e nos protegendo de maneiras que nem imaginamos.

Sob a Proteção de Deus: O Incidente da Moto de Guerra

Assim que comprei a moto, criei um ritual que se tornou essencial para mim: toda vez que eu saía para dirigir, orava do momento em que colocava o capacete até a hora em que chegava ao meu destino. Pedia proteção divina e confiava que Deus me guiaria em cada viagem. Em homenagem ao filme "Quarto de Guerra", onde a fé e a oração são usadas como armas poderosas, apelidei a moto de "Moto de Guerra". Para mim, ela simbolizava mais do que apenas um meio de transporte; era uma extensão da minha fé em ação, e cada viagem era uma batalha espiritual onde eu confiava plenamente na proteção de Deus.

Era para ser uma noite comum, mais uma vez montado na "Moto de Guerra", mas se tornou um dos momentos mais marcantes da minha vida. Havíamos acabado de comprá-la, e eu mal podia esperar para sentir a liberdade de estar sobre duas rodas, o vento no rosto e a sensação de controle sobre o asfalto. Enquanto pilotava por uma avenida deserta, onde o silêncio da noite só era interrompido pelo som da moto, meu pensamento estava longe. Porém, tudo mudou num instante.

De repente, uma senhora idosa surgiu à minha frente, atravessando a rua sem sequer olhar para os lados. O coração disparou, e o tempo pareceu desacelerar. Eu tinha apenas segundos para reagir, e o pânico tomou conta. Desviei o máximo que pude, mas senti que uma colisão era inevitável. Meu corpo já se preparava para o impacto, enquanto minha mente tentava desesperadamente encontrar uma maneira de cair sem me machucar demais.

E foi nesse momento de desespero, quando tudo parecia fora de controle, que algo inexplicável aconteceu. Uma força invisível, algo além da minha compreensão, puxou a moto para o lado. Não fui eu. Não era possível que eu tivesse desviado tão rapidamente. Era como se uma mão poderosa estivesse me guiando, protegendo tanto a senhora quanto a mim de uma tragédia iminente. Quando percebi o que tinha acontecido, vi um carro vermelho parado ao lado da calçada. Dentro dele, duas senhoras vestidas de branco me olhavam fixamente, com uma serenidade quase sobrenatural.

Minha primeira reação foi de raiva. Como aquela mulher pôde atravessar assim, colocando ambas as nossas vidas em risco? Eu estava furioso, confuso, e meu corpo ainda tremia com a adrenalina. Mas, antes que pudesse me deixar levar por esses sentimentos, ouvi uma voz suave, mas firme, em meu coração: era o Espírito Santo. "Agradeça a Deus e siga em frente", Ele me disse.

Naquele instante, a raiva se dissipou, e a paz tomou conta de mim. Olhei novamente para o carro vermelho, mas ele já havia partido. As duas senhoras que haviam testemunhado o que aconteceu desapareceram como se nunca tivessem estado lá. Era como se tivessem sido enviadas apenas para aquele momento, para me lembrar de que Deus estava cuidando de tudo, mesmo nas situações mais inesperadas.

Eu voltei para casa com o coração cheio de gratidão. O que poderia ter sido um desastre se transformou em um milagre.

Aquela experiência não foi apenas um livramento físico, mas um lembrete poderoso de que, mesmo nos momentos mais perigosos e imprevisíveis, há uma proteção divina ao nosso redor. Deus me mostrou que, mesmo quando tudo parece fora de controle, Ele sempre está no comando, guiando cada passo e protegendo-nos de maneiras que nem sempre conseguimos entender.

Reflexões de Fé em Deus

Cada uma dessas experiências de bênçãos e livramentos não foi apenas um evento passageiro; elas se tornaram pilares sagrados na minha jornada espiritual. Essas vivências me ensinaram a confiar plenamente em Deus, mesmo quando as circunstâncias pareciam desesperadoras ou incompreensíveis. Através dessas provas divinas, comecei a vislumbrar o propósito sagrado que permeia cada detalhe da nossa existência. Em cada situação adversa, Deus estava presente, moldando meu caminho e revelando Sua presença poderosa em minha vida.

Esses momentos não apenas moldaram minha visão de mundo, mas transformaram minha fé de maneiras que eu nunca havia imaginado. Cada desafio superado e cada obstáculo vencido me aproximaram da gloriosa realidade de que a mão de Deus estava guiando meus passos com amor e propósito. A certeza de Sua presença inabalável trouxe uma paz que transcende qualquer entendimento humano e uma alegria que resplandece em cada dia.

Essa confiança divina, que brota do profundo conhecimento de que Deus está no controle de tudo, me deu a coragem para enfrentar desafios com uma esperança renovada e inabalável. Saber que há um plano maior, orquestrado por um Deus amoroso, permite-me olhar para o futuro com um otimismo radiante, sabendo que cada passo está nas mãos de um Criador soberano. Essas experiências tornaram-se os alicerces de minha fé, uma fé que me sustenta e me guia com uma luz eterna, irradiando força e devoção a cada dia. Como está escrito em Isaías 43:2: "Quando passares pelas águas, estarei contigo; e quando pelos rios, eles não te submergirão; quando passares pelo fogo, não te queimarás, nem a chama arderá em ti". Esse versículo me lembra de que, mesmo nas adversidades, Deus está comigo, protegendo e guiando-me em cada passo da minha jornada.

Capítulo 11

Desafios e Milagres na Busca pelo Segundo Filho

Após a nossa reconciliação, o desejo de ampliar a nossa família tornou-se um novo objetivo cheio de esperança para nós. Isabelly, com seus 5 anos, já estava em uma idade em que a ideia de ter um irmãozinho ou uma irmãzinha parecia ainda mais encantadora. Esse desejo se tornou uma parte importante das nossas vidas, e cada dia que passava trazia uma nova expectativa sobre o futuro.

Para transformar esse sonho em realidade, decidimos buscar novamente a ajuda do Dr. Edson, um especialista em fertilidade cuja experiência havia sido fundamental em nossa jornada anterior. Sabíamos que ele compreendia nossa história e nossas esperanças, e confiávamos em sua orientação para nos ajudar a dar esse próximo passo. A decisão de voltar a consultar o Dr. Edson foi impulsionada pela esperança e pela determinação de proporcionar a Isabelly a companhia que tanto desejávamos, e que acreditávamos que poderia trazer ainda mais alegria para nossa família.

Apesar de todo o esforço e esperança que depositamos em nossas tentativas, os resultados não foram os que esperávamos. A cada ciclo de tentativa, a frustração se acumulava e o peso da incerteza começava a se instalar. O sonho de expandir nossa família parecia, por vezes, estar cada vez mais distante. As esperanças que antes nos impulsionavam agora davam lugar a um desânimo sutil, à medida que enfrentávamos uma jornada mais desafiadora do que imaginávamos. Cada passo nessa caminhada era uma mistura de resiliência e esperança, enfrentando os altos e baixos com coragem e a fé de que, apesar dos desafios, ainda havia um caminho a ser traçado.

Durante um culto em nossa igreja, o pastor Mário fez uma declaração que ressoou profundamente em nossos corações: "Da forma que vocês querem não vai acontecer. Não será pelas mãos do homem, e sim pelas mãos de Deus. Ele vai mostrar que é presente em suas vidas". Essas palavras tocaram Nathália de maneira intensa e desestabilizadora. Ela começou a sentir que a igreja estava invadindo nossa privacidade, conhecendo demais sobre nossas lutas pessoais e, consequentemente, sentiu-se desconfortável e desencorajada. Essa sensação de invasão e desconexão a levou a se afastar da comunidade e, consequentemente, também a se distanciar de Deus.

Enquanto Nathália lutava com sua fé e com seus sentimentos de desencanto, eu mantinha a minha firme. Em um sábado à tarde, após um dia cansativo de trabalho, tive um sonho profundamente significativo. No sonho, ouvi a voz de Deus dizer: "Filho, fica tranquilo, eu vou te enviar um Abraão". Acordei arrepiado, e, ainda atordoado, dei um cutucão em Nathália, acordando-a de surpresa e dizendo: "Deus falou comigo. Ele vai nos enviar um Abraão". Essas palavras, embora misteriosas, trouxeram uma sensação de paz e certeza de que Deus estava conosco, guiando nossos passos e preparando um caminho para nós, mesmo que não pudéssemos ver claramente.

Logo depois, conhecemos um casal adventista, Daniela e Marivaldo, que se tornaram nossos amigos. Eles começaram a nos oferecer estudos bíblicos que foram profundamente enriquecedores. Essas sessões de aprendizado bíblico foram um ponto de virada significativo para Nathália. Juntamente com as orações que fazíamos durante as madrugadas, esses estudos ajudaram a restaurar a confiança de Nathália em Deus e a trazer uma nova esperança para nossa situação.

Uma semana antes de nossa mudança para Jundiaí, Nathália percebeu que estava com a menstruação atrasada. Inicialmente, pensou que o atraso poderia ser resultado da correria da mudança. No domingo de manhã, fui à farmácia para comprar um teste de gravidez, e o resultado foi positivo. A alegria foi imediata e genuína, mas a confirmação veio com a necessidade de uma avaliação médica. Fomos ao Hospital São Luiz do Morumbi, onde um exame de sangue confirmou a gravidez. No entanto, a médica solicitou um ultrassom, e o resultado revelou que o bebê estava nas trompas, sugerindo a necessidade de uma curetagem.

Para Nathália, aquele momento foi devastador. O medo e a angústia a envolviam, e a sensação de que nossas esperanças estavam desmoronando era esmagadora. Ela estava consumida pela preocupação, e eu podia sentir a profundidade de sua dor. Apesar de sentir a mesma angústia, procurei manter a calma e a fé. Olhei para a médica com determinação e disse: "Desculpe, mas vocês não tocarão na minha esposa. Deus não faz milagres pela metade. Vou levá-la a outro hospital". Aquelas palavras saíram com uma firmeza que refletia a confiança que eu tinha em que nossa situação poderia melhorar.

A médica, visivelmente surpresa e perplexa, tentou explicar a gravidade da situação e informou que, se eu insistisse em sair dali, seria necessário assinar um termo de responsabilidade. Ela parecia desorientada pela minha decisão repentina, mas eu estava resoluto. Para mim, aquele não era apenas um desafio médico, mas uma questão de fé e esperança. Estava decidido a buscar uma alternativa que pudesse oferecer uma chance real para Nathália e para nosso sonho.

Assinei o tal termo de responsabilidade e, com determinação, levei Nathália para o Hospital São Luiz de Santo Amaro. Apesar da tensão e da incerteza que nos acompanhavam, nossa fé e esperança nos impulsionavam a buscar uma nova oportunidade. O Hospital São Luiz de Santo Amaro representava uma nova chance para encontrar a solução que precisávamos, e com essa expectativa renovada, entramos no novo ambiente, prontos para enfrentar o próximo capítulo da nossa jornada.

No novo hospital, encontramos um especialista que examinou cuidadosamente o ultrassom realizado no Hospital do Morumbi. Para nossa imensa alegria e alívio, ele confirmou que tudo estava bem com o bebê e que a gravidez estava se desenvolvendo conforme o esperado. Esse diagnóstico trouxe um alívio imenso e renovou nossa esperança de maneira significativa.

A confirmação de que o bebê estava bem foi um verdadeiro bálsamo para nós, dissipando as nuvens de incerteza e medo que pairavam sobre nós. A sensação de que havíamos superado um momento tão crítico foi um testemunho poderoso da nossa fé e da intervenção divina em nossas vidas. Através dessa experiência desafiadora, fomos capazes de sentir a presença de Deus de uma forma muito concreta, confirmando que, mesmo nos momentos mais sombrios, a luz da esperança e do milagre pode brilhar intensamente.

O inimigo é astuto e trabalha arduamente para nos colocar em situações que desafiem nossa fé. Se eu não tivesse mantido a certeza de que Deus estava ao nosso lado e que a promessa divina era real, o resultado poderia ter sido muito diferente, e o inimigo teria vencido essa batalha. Nossa perseverança e confiança em Deus foram testadas ao limite, mas a fidelidade que mantivemos em nosso coração nos ajudou a superar as adversidades.

A recompensa por nossa fé e resiliência veio com a chegada de nosso filho, Nicolas. O pequeno Nicolas veio ao mundo para nos lembrar da fidelidade de Deus e do poder das Suas promessas. Sua chegada foi um testemunho tangível de que, mesmo em meio ao desespero e à incerteza, Deus é capaz de transformar nossas maiores dificuldades em uma nova esperança. O nascimento de Nicolas não apenas marcou a realização de nosso sonho, mas também reforçou nossa crença de que a certeza divina pode transformar qualquer situação, trazendo luz onde antes havia escuridão.

Capítulo 12

Enfrentando Provações e Renovando a Fé

Um ano após nossa reconciliação, a vida nos surpreendeu com um novo desafio. Fui notificado para comparecer ao Fórum de São Caetano, onde fui acusado de agressão e enquadrado na Lei Maria da Penha devido a um desentendimento com minha irmã, ocorrido anos antes. As intimações não haviam chegado até mim, e por isso, eu havia sido condenado sem sequer ter tido a oportunidade de me defender.

Compareci à audiência de sentença acompanhado do meu advogado e da minha avó. O testemunho dela em meu favor era uma luz de esperança, mas, apesar disso, fui condenado. A sensação de injustiça era esmagadora. Sempre me orgulhei de agir corretamente e de manter minha integridade, e ser acusado de algo que não cometi foi devastador.

Durante os dois anos seguintes, eu tinha que comparecer ao fórum criminal regularmente para assinar uma carteirinha. Era doloroso e humilhante me deparar com criminosos de todos os tipos — assassinos, assaltantes, traficantes — enquanto carregava uma marca que eu não merecia. Apesar de tudo, meu trabalho como gerente em uma das maiores empresas de telecomunicações da América Latina me permitia manter uma certa normalidade na vida cotidiana. Contudo, a carga emocional desse período afetou minha vida de maneiras que eu não poderia ter previsto.

Em 2019, decidi deixar meu emprego na empresa e abrir meu próprio negócio: uma açaiteria na Chácara Santo Antônio.

A loja foi um sucesso desde a inauguração, e o açaí se tornou um verdadeiro hit. O negócio estava gerando lucros significativos, e parecia que as coisas estavam finalmente indo na direção certa. No entanto, a chegada da pandemia mudou completamente o cenário.

Com as restrições e o impacto econômico da pandemia, a açaiteria enfrentou desafios severos. Apesar dos esforços para manter o negócio funcionando, o impacto financeiro se tornou insustentável. Mantivemos a loja aberta por quase dois anos, sustentados pelo lucro inicial, mas eventualmente chegou ao ponto em que percebi que não conseguiria continuar.

Em um momento de desespero e busca por orientação, orei a Deus, pedindo clareza sobre o que fazer a seguir. A resposta veio de forma inesperada. No mês seguinte, conseguimos vender o ponto da açaiteria. Esse desfecho foi uma confirmação de que, mesmo nos momentos mais difíceis, Deus estava cuidando de nós.

Cada revés e desafio ao longo dessa jornada serviu para fortalecer minha fé e lembrar que, mesmo quando tudo parece desmoronar, Deus está guiando meus passos e protegendo-me, mesmo que eu não consiga ver claramente. Esses momentos de adversidade não foram apenas provas de resistência, mas também oportunidades para experimentar a presença constante e a fidelidade divina em minha vida.

A venda da açaiteria foi um alívio e um sinal de que, apesar das dificuldades, sempre há um caminho a seguir, uma luz no fim do túnel. Essa experiência me ensinou a importância de manter a fé e a esperança, mesmo quando os planos parecem desmoronar. A jornada continua, marcada por desafios e vitórias, e cada passo nos aproxima ainda mais da realização das promessas de Deus.

Capítulo 13

Testando a Fé em Tempos Difíceis

Busca por um Novo Emprego

Após a venda da loja, fui lançado em uma espiral de incertezas. A busca por um novo emprego se tornou uma verdadeira batalha. Participei de inúmeras entrevistas, e em muitas delas, os gerentes me olhavam com um sorriso de confiança, dizendo: "Esta vaga é sua. Segunda-feira você começa". A sensação de alívio e vitória preenchia meu peito, e por um breve momento, eu acreditava que as coisas estavam finalmente se encaixando. Mas, como um balde de água fria, a resposta negativa chegava no dia seguinte, sem explicação. De uma promessa de futuro certo, eu era lançado de volta à escuridão da dúvida. A cada negativa, a frustração crescia, e a esperança se desfazia como fumaça.

Um amigo, de forma hesitante, mencionou algo que ecoou como uma sentença: "E se o processo da Maria da Penha estiver prejudicando você?". Aquela única frase fez minha mente mergulhar em uma tempestade de dúvidas e medo. A acusação que, quatro anos antes, já tinha despedaçado minha vida, agora parecia surgir das sombras novamente, como um fantasma. Um peso que, por mais que eu tentasse deixar para trás, continuava a arrastar minha esperança para o abismo. A ideia de que algo tão injusto poderia definir meu futuro me tirava o sono e minava minhas forças.

Desesperado, sem conseguir um emprego, aceitei o que me restava: fazer entregas. Cada pedalada era uma lembrança dolorosa de que eu tinha descido vários degraus. Antes, eu era um líder, comandava equipes, tomava decisões importantes. Agora, estava nas ruas, carregando pacotes como uma forma de sobrevivência. A cada esquina, a cada semáforo, eu sentia o peso da vergonha e da frustração. Mas eu sabia que não podia parar. Por mais difícil que fosse, estava lutando pelo sustento da minha família. Engolia o orgulho e seguia em frente, com a fé de que, assim como uma flecha precisa ser puxada para trás, talvez isso fosse o impulso que eu precisava para avançar novamente.

No entanto, a cada dia que passava, minha fé era colocada à prova. As palavras de Nathália ecoavam em minha mente: "Você está perdendo seu tempo. Isso não vai dar certo". Suas palavras, carregadas de ceticismo, me feriam mais do que qualquer negativa em uma entrevista. Mas, em vez de discutir, eu apenas respondia: "Deus está no controle de tudo". E partia para mais um dia de entregas, com o coração pesado, mas a fé ainda acesa, mesmo que fosse uma chama frágil.

Uma noite, depois de um dia particularmente exaustivo, cheguei em casa com os ombros caídos. Sentei-me na cama, derrotado. Olhei para o teto, perguntando a Deus até quando aquilo duraria. Foi então que algo inesperado aconteceu. Meu pequeno Nicolas, com apenas três anos, se aproximou de mim, com aquele olhar inocente que só as crianças têm, e começou a cantar. Sua voz doce e pequena preencheu o quarto com uma melodia que tocou direto no meu coração: "Pai, Deus de milagres, Deus de promessa, Caminho no deserto, Luz na escuridão. Meu Deus, este é quem Tu és".

Aquelas palavras, cantadas com tanta pureza, me quebraram. Lágrimas que eu vinha segurando há dias começaram a escorrer. Nicolas não sabia, mas ele foi a resposta que eu tanto procurava. Naquele momento, senti que Deus falava comigo através do meu filho, me lembrando que Ele estava ali, mesmo no meio do caos, guiando meus passos.

Na semana seguinte, em meio ao turbilhão de emoções e incertezas, recebi uma ligação que mudaria tudo. Fui aprovado para um emprego que parecia ser impossível. O alívio e a gratidão me inundaram. Deus, mais uma vez, me mostrou que, mesmo quando tudo parece perdido, Ele está trabalhando em silêncio, preparando o caminho.

O Milagre da Casa Própria

Cinco meses após começar no novo emprego, Nathália e eu decidimos dar um dos passos mais importantes de nossas vidas: comprar nossa casa própria. Era um sonho antigo, algo que víamos como a base de tudo que estávamos construindo juntos. Cada parcela que pagávamos nos enchia de esperança, nos aproximando da realização desse desejo.

Mas, quando chegou o momento crucial de fazer o financiamento, a realidade se impôs de maneira implacável. Eu me sentei para revisar os números e, com um nó na garganta, percebi que meu salário simplesmente não seria suficiente. Cada despesa adicional que surgia parecia erguer mais um muro entre nós e aquele sonho. O peso da constatação me atingiu como uma avalanche, e eu sabia que precisava ser honesto com Nathália, mesmo que isso partisse nossos corações.

Chamei-a para conversar, com o coração apertado, e disse: "Vida, com este salário... nós vamos ter que desistir da casa". As palavras quase não saíram, e quando finalmente o fizeram, a dor de admitir essa derrota parecia esmagadora. Eu via no rosto de Nathália o impacto daquilo. Ela ficou em silêncio por um momento, e o silêncio era ensurdecedor. A ideia de abrir mão daquele sonho, de tudo pelo qual tínhamos trabalhado, nos devastava. Desistir da casa parecia mais do que apenas um revés financeiro — era como ver o futuro que sonhávamos desmoronar diante de nós.

Por dias, aquela sensação de perda pairou no ar, sufocando qualquer esperança. A incerteza se tornou nossa companheira constante, e o medo do fracasso consumia cada pensamento. Começamos a nos preparar emocionalmente para a dura realidade de que, talvez, nunca teríamos nossa própria casa.

Então, no meio daquela escuridão, algo extraordinário aconteceu. No mês seguinte, completamente inesperado, fui chamado para uma reunião com meu chefe. Quando ele mencionou a palavra "promoção", meu coração quase parou. Aquilo parecia surreal. Estava acontecendo? Em meio a todo o caos, aquela promoção foi como um raio de luz rasgando as trevas. Não era apenas um passo na minha carreira — era a resposta que tanto pedimos a Deus.

Naquele momento, entendi que Ele estava nos observando o tempo todo, ouvindo nossas preces silenciosas, enxugando nossas lágrimas em segredo. O aumento de salário foi suficiente para fechar o financiamento da casa. O que antes parecia impossível agora estava ao nosso alcance. Um ano depois, estávamos morando em nossa própria casa.

A cada vez que abríamos a porta e entrávamos, era como se revivêssemos o milagre. Aquela casa era mais do que paredes e um teto — era o símbolo de que, mesmo nos momentos mais sombrios, Deus estava presente, abrindo portas quando todas pareciam trancadas. Nossa casa própria se tornou um testemunho vivo de que, com fé e determinação, até o impossível pode se tornar realidade.

Capítulo 14

Confiança no Amanhã: A Promessa de Deus

Minha jornada de fé e superação tem sido repleta de desafios, mas também de bênçãos e crescimento. Ao olhar para trás, vejo como cada obstáculo foi uma oportunidade para fortalecer meu relacionamento com Deus e com aqueles que amo. As dificuldades não foram apenas provas de resistência, mas momentos preciosos de aprendizado e transformação.

Cada desafio enfrentado — desde as lutas pessoais e as injustiças até as provações financeiras e as mudanças inesperadas — me levou a uma compreensão mais profunda da presença e da fidelidade divina. A fé tem sido o alicerce da minha vida, uma luz que ilumina o caminho mesmo nos momentos mais sombrios. Ela me ajudou a manter a esperança e a resiliência, mesmo quando tudo parecia incerto.

As pessoas que me magoaram na minha trajetória eu não guardo rancor e já liberei o perdão. Esse processo de perdoar e seguir em frente foi fundamental para minha paz interior e crescimento espiritual. Cada ato de perdão ajudou a aliviar o peso do passado e a abrir espaço para novas experiências e bênçãos.

A jornada que percorri não foi apenas uma série de eventos, mas um testemunho do poder de Deus em minha vida. A cada passo, a cada desafio superado, minha fé se fortaleceu, e a certeza de que há um plano maior para mim e para minha família se tornou mais clara. As lições aprendidas e as bênçãos recebidas moldaram minha perspectiva e me prepararam para o futuro.

Enquanto continuo a trilhar o caminho da vida, sinto-me preparado para enfrentar o futuro com fé e esperança. Sei que novos desafios e oportunidades surgirão, mas estou confiante de que, com Deus ao meu lado, poderei enfrentá-los com coragem e sabedoria. Minha jornada não é apenas uma história de superação, mas um testemunho de que a fé e a confiança em Deus podem transformar qualquer adversidade em uma bênção.

O futuro é um mistério repleto de possibilidades, e estou ansioso para ver como Deus continuará a guiar minha vida e a de minha família. Com o coração cheio de gratidão e esperança, estou pronto para enfrentar o que vier, sabendo que, independentemente das circunstâncias, a presença divina estará sempre comigo, guiando meus passos e oferecendo a paz e a força necessárias para seguir em frente. A jornada continua, e com fé renovada, estou preparado para abraçar cada novo capítulo que a vida tem a oferecer.

Capítulo Final

A Luz que Guia o Caminho

A Luta pelos Sonhos

Minha trajetória é um testemunho de que cada desafio é uma oportunidade disfarçada. A vida é uma montanha-russa de altos e baixos, onde cada obstáculo é uma chance para crescer e fortalecer a nossa determinação. Desde a infância, aprendi que nunca devemos abandonar nossos sonhos, mesmo quando o caminho parece impossível e as adversidades são esmagadoras.

A jornada pelos nossos sonhos exige uma coragem inabalável e uma perseverança que desafia o impossível. Quando tudo parece escuro e o caminho parece sem saída, é nesses momentos que devemos lembrar que Deus é a luz que nunca se apaga. Ele é o guia que nos leva pelas trilhas desconhecidas, mesmo quando não conseguimos ver claramente.

O Poder da Fé

A fé não é apenas um sentimento passageiro; é uma força transformadora que nos impulsiona a seguir em frente. É acreditar que, mesmo quando as portas se fecham, Deus já preparou um caminho melhor. Cada desafio enfrentado é uma chance de fortalecer nossa conexão com Deus e reconhecer Sua presença em cada momento da nossa vida.

Deus está constantemente ao nosso lado, cuidando de nós e orientando nossos passos. Ele conhece nossas dores e nossas esperanças. Quando confiamos Nele, encontramos a força para superar qualquer obstáculo. Como está escrito em Apocalipse 3:8: "Conheço as suas obras. Eis que diante de você pus uma porta aberta, a qual ninguém pode fechar". Essa promessa é um lembrete poderoso de que Deus sempre prepara uma oportunidade para nós. Esteja atento e entre por essa porta com fé renovada e sem receio!

A Mensagem Final

Se você está enfrentando dificuldades, saiba que a fé e a perseverança têm o poder de transformar sua vida. Não desista, mesmo quando o caminho parecer intransponível. Deus está ao seu lado, guiando e protegendo a cada passo. Sua história é única e repleta de potencial. Cada desafio é uma chance de crescimento e cada obstáculo, uma oportunidade de fortalecer sua fé.

Lembre-se, você é capaz de realizar grandes feitos. Com o amor de Deus iluminando seu caminho, mantenha-se firme e continue acreditando em si mesmo. Não pare de lutar pelos seus sonhos, pois a jornada pode ser longa e repleta de altos e baixos, mas o destino é sempre repleto de esperança e realização.

Minha própria experiência prova que, com fé, determinação e a presença constante de Deus, podemos superar qualquer obstáculo e alcançar nossos sonhos. A jornada continua, e com Deus ao nosso lado, o melhor está sempre por vir.

Nunca se esqueça: você é apoiado por um Deus maravilhoso que zela por cada um de nós. Mantenha a fé, siga em frente e confie que, com perseverança e confiança em Deus, seus sonhos se tornarão realidade.

Como está escrito em Isaías 41:10: "Não temas, porque eu sou contigo; não te assombres, porque eu sou o teu Deus; eu te fortalecerei, e te ajudarei, e te sustentarei com a destra da minha justiça". Esse versículo é um lembrete de que, independentemente das circunstâncias, Deus está ao seu lado, pronto para fortalecer, ajudar e sustentar você em cada passo da jornada.